AF705647

अँधेरे का सूरज

Dr. Asha Mishra Upadhyay

BookLeaf Publishing
India | USA | UK

Made with ❤ on the BookLeaf Publishing Platform
www.bookleafpub.in
www.bookleafpub.com

Dedication

मूकं करोति वाचालं, पंगुं लंघयते गिरिम् । यत्कृपा तं अहं वन्दे,
परमानन्द-माधवम् ॥

कृष्ण की ह्लादिनी शक्ति राधा को समर्पित है यह पुस्तक जिनकी कृपा से भौतिक जगत की बारीकियों की समझ और आध्यात्मिक रुझान की यात्रा बलवंती हुयी।

साथ ही,उन सभी नायाब महिलाओं के नाम है 'अंधेरे का सूरज' जो टूटकर भी शब्दों में अपना आकाश गढ़ लेती हैं और जुगनू वाली रातों की चांद
होती हैं।

Preface

बहुमुखी प्रतिभा की धनी डॉ.आशा मिश्रा उपाध्याय पेशे से पत्रकार हैं ; लेकिन साहित्य, संगीत तथा सामाजिक पैरोकारी के अन्य क्षेत्रों में भी उनकी उपस्थिति उल्लेखनीय रही है। 'यूनीवार्ता' में मेरे साथ काम करते हुए उन्होंने पत्रकारिता के क्षेत्र में अपनी योग्यता का श्रेष्ठ प्रदर्शन किया। वह पत्रकारिता में मुझे अपना गुरु मानती हैं, लेकिन समय के साथ गुरु तो गुड़ ही रह गया , जबकि चेला शक्कर हो गया ! उनकी बहुमुखी प्रतिभा ने केवल एक पत्रकारिता के क्षेत्र तक सीमित रहने के बजाय साहित्य, संगीत तथा सामाजिक पैरोकारी के अन्य क्षेत्रों में भी अपना स्थान बना लिया। यह उनका दूसरा काव्य संग्रह है, जो मानवीय संवेदनाओं के कुशल चित्रण का उत्कृष्ट उदाहरण प्रस्तुत करता है। पत्रकारिता की बारीकियां की जितनी समझ आशा जी में है, वह बहुत कम पत्रकारों में देखने को मिलती है। संगीत की तीनों विधाओं -- भावमय गीत लेखन , स्वरचित गीतों को लयमय संगीत में आबद्ध करना और जादुई स्वर में गायन -- ये सब आशा जी बखूबी कर लेती हैं। मैं उनके उज्जवल भविष्य की कामना करता हूं । राधे राधे।।

दीपक बिष्ट

पूर्व समाचार सम्पादक 'यूनीवार्ता'

Acknowledgements

मैं हृदय से आभारी हूँ अपनी बहनों छाया और उषा का, जिन्होंने मेरे हौसले को निरंतर बढ़ाया।रोज़-रोज़ मेरी कविताएँ सुनकर स्नेह और विश्वास बरसाया। उन्हीं के प्रोत्साहन ने मुझे आगे लिखने का साहस दिया। उषा ने लगभग सभी कविताओं को कई-कई बार पढ़ा और महत्वपूर्ण सुझाव भी दिये। छाया की वाहवाही ने खूब प्रेरित किया।

मैं अपने परिवार के सदस्यों के प्रति भी कृतज्ञ हूँ,जिन्होंने मेरे एकांत को समझा और स्वीकारा। मेरे पति राजेश का मेरी हर नई कविता के लिए बेसब्री से किया गया इंतज़ार मुझे निरंतर लिखते रहने की शक्ति देता रहा। मेरा शुक्रिया है उनको।

मेरी बेटी लिपि मेरी शक्ति, मेरी प्रेरणा और मेरे शब्दों की सबसे सच्ची पाठक है। लिपि और बेटा शिवांग इस पुस्तक के पन्नों में झलकते हैं– उनके बिना सब कुछ अधूरा है। उनका प्यार और संवेदना ही मेरी लेखनी की ऊर्जा है। शिवांग की उत्सुकता और स्नेह इस काव्य-संग्रह का बीजमंत्र है।

मेरी प्यारी बेटियाँ श्रेय़ा और साइशा का मेरे प्रति प्रेम “अँधेरे का सूरज” की नींव है। श्रेया का अदम्य साहस तथा जिंदादिली और साइशा की चमत्कृत करने वाली कलाएं मेरी कई कविताओं को आकार देती हैं।

मैं अपने माता-पिता की आध्यात्मिक साधना और संतानों के प्रति उनके स्नेह से अभिभूत हूं। उन्होंने जीवनपर्यंत हमें भरपूर प्यार दिया। उनकी छत्रछाया से वंचित होना हर मौके पर सालता है। अब उनकी यादें पथप्रर्दश हैं। यह पुस्तक उनके विश्वास, प्रेम और आशीर्वाद का परिणाम है। उन्हें तहे दिल से नमन।

मैं अपने मेंटर एवं आध्यात्मिक गुरु दीपक बिष्ट के प्रति नतमस्तक हूँ

जिन्होंने मुझे सिखाया कि भीतर की शांति ही सृजन का वास्तविक स्रोत है। उनके सानिधन्य ने मुझे पत्रकारिकता का गुर सिखाया और निरंतर प्रगति का मूलमंत्र दिया। वह पत्रारिकता के युग पुरुष हैं। राधारानी की अहैतुकी कृपा से उन्हें श्री वृंदावनधाम का अखंड वास प्राप्त है। वह जीवन-सार को आत्मसात कर रहे हैं। उनके मागदर्शन में कविताओं ने साहित्य की धरा को अंगीकार किया है।

1. ❖ राधा ❖

कृष्ण की ह्लादिनी शक्ति हो तुम ,अप्रतिम राधा
रसरूप, प्रेम की पराकाष्ठा,
कण-कण में बसती चेतना,
हृदय की मौन अभिलाषा तुम।
तुम ही स्पंदन, तुम ही शांति,
तुम ही ज्योति अंतरतम की,
तुम ही साँसों की सरगम,
और अनहद नाद मधुर।
तुम करुणा की गहन धारा,
तुम अर्चन की आराधना,
तुमसे ही आरंभ ,
तुममें ही पूरी साधना।
तुम बिन शब्द अधूरे मेरे
तुम बिन स्वर बेजान,
तुम ही मेरी लेखनी में
भरती हो दिव्य प्राण,
स्वीकारो मुझे,
कोटिशः प्रणाम।

2. ◈ अब मैं डर से बड़ी हूँ ◈

अब मैं डर से बड़ी हूँ,
मैंने अँधेरों का गला घोंटा है।
काँटों को बहुत दूर फेंका है,
अथाह समंदर की गहराई से
और पर्वत की ऊँचाई से
अब नहीं डरती मैं।
क्योंकि डर से बड़ी हूँ मैं—
अपने ही भीतर की रोशनी से
खुद को जीत लिया है मैंने।
अब तो हर डर
और छोटा लगने लगा है,
और मेरा साहस
और गहरा हुआ है।
अब मुझे न तूफ़ानों से डर लगता है,
न अंधेरी रातों से,
क्योंकि मेरी हर सुबह
एक संकल्प से होती है—
कि हारना नहीं है मुझे।

3. हल्का-सा होना

मैंने कुछ भी
पकड़कर नहीं रखा,
जब छोड़ना सीखा
तो जाना—
कितनी हल्की होती है
गहराई।
अंजलि में भर-भरकर
भावनाओं के ज्वार को
बहलाती रही,
फिर उन्हें
समय के
समंदर में
बह जाने दिया।
मुरझाए पलों को
पीछे छोड़कर, मैं
गहराइयों में
उतरकर
जीना
सीख रही हूँ।

4. ◈ ठहरता हुआ क्षण ◈

कुछ पल
समय से अलग हो जाते हैं–
न बीतते हैं,
न ठहरते हैं,
बस
होते हैं।
उन्हीं पलों में
मैं खुद को
समेटती नहीं,
खोल देती हूँ।
और जो बच जाता है,
वही
मेरा सच होता है–
जो
जगत और जगन्नाथ के
बीच
टकराव की नहीं,
किनारे की ओर
इशारा करता है।
मेरी नज़रें

ऊपर उठती हैं–
मैं पूरा का पूरा
आसमान
पलकों में
क़ैद कर लेती हूँ,
और फिर
धीरे-धीरे
घुलती जाती हूँ
उस
आसमानी विस्तार में।

5. जब मौन जागता है

प्रभात के कोमल उजाले में,
जब अँधेरा सिमटता है
और रजनी उड़ जाती है,
तारे, आकाश से
अपने रहस्य धीरे-धीरे कहते हैं,
और संसार
धीमे-धीमे जाग उठता है।
ओस से भीगी घास,
मानो पन्ना-सी हरियाली का सागर,
अनंत की सुंदरता
अपने भीतर प्रतिबिंबित करती है।
समीर की फुसफुसाहट में
भोर का वादा
फिर से उजागर हो उठता है।
इस शांत घड़ी में
मुझे अपना सुकून मिलता है,
ऐसी शांति
जहाँ संसार
मानो थम-सा जाता है।
कोलाहल और शोर से

मैं स्वयं को अलग कर लेती हूँ,
चारों ओर फैले मौन के जागने तक।

6. तुम दुआ हो मेरी

मेरी दुआओं का असर हो तुम,
तुम्हें जो तराशकर गढ़ा है,
'उसने',
उस पर भर-भर कर तुम्हारे
दिल में प्यार उलेड़ दिया है
पूरे जहान के लिए।
जब खुलते हैं होंठ तुम्हारे,
मीठी बातों की झड़ी लगाते हैं,
नरम-नरम प्यार की पलकें उठती हैं
संवेदनाओं की चादर तले,
और गिरती हैं स्नेह-स्पर्श लिए
हमें बस आसपास ढूँढते-ढूँढते।
आँचल फैलाकर हर रोज
तुम्हारी बेशकीमती मुस्कान की
दुआ माँगता है दिल मेरा।
नज़र न लगे गुलाब की पंखुड़ी-से
कोमल तुम्हारे मन को।
पूरे ब्रह्मांड में
तुम-सा सुंदर किसी और को

‘वह’ बना न सका।
नज़र न लगे तुम्हें...
आ जा मेरे पास,
नज़र उतारूँ, बलैयाँ लूँ
और ‘उसके’ “वरदान” पर
इतराऊँ।

7. ✧ और... अभी बाकी है ✧

यह सिलसिला है उम्मीदों का,
विश्वास का, त्याग का, समर्पण का।
इसे गहराई से नापना है,
बहुत कुछ समेटा है,
बटोराना है बहुत कुछ कहीं कुछ रह गया
तो फिर मिलेंगे,
और मिलते रहेंगे–
क्योंकि यह सिलसिला है,
कोई विराम नहीं।
जब समुद्र की गहराई में उतरना मक़सद है,
बस नापने का इरादा नहीं,
तब कुछ भी विराम पर नहीं जाता–
बस लगता है
कि अंदर तक कुछ उतर गया है।
गला रौंध गया है, पाकर दामन में
अव्यक्त की अभिव्यक्ति,
एक जीवन-सार का अंदाज़,
एक तरीका जीने का,
एक नई "आशा।"

8. ✧ नये 'मैं' के लिए ✧

मैंने तय किया है–
यह अहसास करने के बाद कि
भागते पलों के आईने में
ऐसा कुछ भी नहीं
जो किसी के लिए
ठहरा हो।
सबका अपना-अपना
आकाश है,
अपनी-अपनी
ज़मीन;
उड़ान भरने के लिए,
परिक्रमा करने के लिए–
इसी समय के आईने में।
जहाँ सूरज
दिशाएँ बदलकर
उगता है,
और धरती
न घूमने की
ज़िद करती है।
इसलिए–

मैं सूरज के साथ
रोज़ उग जाऊँगी,
रोज़ डूब भी जाऊँगी–
हर दिन,
बहुत अपने लिए,
एक नये
'मैं' के लिए।

9. तन्हाइयों की पाठशाला

तन्हाइयों से
कई-कई गुर सीखना है।
किसे सुनाती हैं अपनी
दिल की बातें,
किससे होती हैं
कभी नाराज़गी—
ये तन्हाइयाँ ही
जानती हैं।
कौन-सा फूल
खिलता है
मन के रेगिस्तान में,
यह भीड़ नहीं,
अकेलापन ही बताता है।
कभी प्रश्न बनती हैं तन्हाइयाँ,
कभी उत्तर,
कभी मौन का
सबसे गहरा अर्थ।
क्या स्वयं में
आत्मसात होना

ही तुम्हारा उत्तर है?
शायद हाँ—
क्योंकि यहीं
तन्हाइयों की पाठशाला में
मन
पहली बार
खुद से
सच बोलना सीखता है।

10. बस ठहर कर...

मन के शांत समंदर में
उठती-ठहरती तरंगों से
मैं चुपचाप बतियाती हूँ।
बनती-बिगड़ती लहरों के संग
अब तक के जीवन-सफ़र को
दिल की ऊँची पर्वत-चोटियों से देखती हूँ।
पढ़ रही हूँ सब कुछ–
जो कहा नहीं गया,
जो बस जिया गया।
कुछ माँगा नहीं, बस जो मिला
उसे ठहर कर देखा।
कभी धूप ने तपा कर रास्ता दिखाया,
कभी छाया ने सहलाकर चलना सिखाया।
अब जो हूँ,
किसी जीत का परिणाम नहीं–
कई अनकहे
आभारों की
थाती हूँ।

11. अकेलेपन का मुकुट

कमरे की खामोशी में
मेरी साँसों की आहट गूँजती है,
कुछ यादें चुपचाप
दिल के कोनों में बैठ जाती हैं,
ना रोती हैं,
ना हँसती हैं – बस रहती हैं।
अकेलापन अब दर्द नहीं रहा,
वह मेरा हमदर्द बन गया है,
जो मुझे खुद से मिलवाता है
हर टूटन के बाद।
कभी इससे जीत जाती हूँ मैं,
तो कभी हार भी जाती हूँ,
पर हारने में भी गहरी खुशी छिपी है,
क्योंकि एकांत में ही
मैं अपने लिए मुकुट गढ़ती हूँ।

12. ❖ हवा की थपकियाँ ❖

हर शाख़ पर झूलती हल्की हवा की नर्म छुअन से,
कलियां खिलीं।
छोटे-छोटे फूलों की खुशबू संग हवा चली,
बादलों के किनारे को ,
उसकी हल्की थपकियाँ मिलीं,
और हर घास की बूँद ने भी
हवा की कहानी सुनी।
आज सबरे -सबरे ऐसी ही तुम्हारी यादें,
बिखर गयीं।
यादों का यह सिलसिला जारी रहा,
सूरज के आने तक।

13. आज़ाद हूँ मैं

सर्दी के इस मौसम में
सुबह ने धीरे से मुझे छुआ,
खिड़की के बाहर आधा उजाला था।
पंछियों ने कहा– "उड़ चलो,"
उनके पंखों की हवा
मेरे कानों में घुली,
और मैंने खुद को
आज़ाद मान लिया।
मैंने बीते डर को
साँसों से बाहर छोड़ा,
नई उम्मीदों को
दिल में उतरने दिया।
अब हर दिन मेरे लिए
एक नया आसमान है।
उठाती हूँ हर कदम
इस वादे से कि–
चौराहे पर भटकना नहीं है,
हर डगर एक मंज़िल है।

14. ✧ ☽ चाँद से बातचीत ☽ ✧

रात की खामोशी में
हौले-हौले बतियाता है चाँद मुझसे,
मैं उसे निहारती रहती हूँ
बिना कुछ कहे, एकटक।
मुझसे धीरे से पूछता है वह–
“ आज तुम कैसी हो? ”
और घोल देता है
मेरे मन के सारे सवाल, उलझनें
अपनी रोशनी में।
और मैं बिना कुछ बोले
सब कुछ कह देती हूँ।
वह मेरे मन के हर कोने को
रोशन कर देता है।
मैं उसे बस देखती रहती हूँ,
वह मुझे बस समझता रहता है,
और सिखा जाता है–
अकेले चमकना भी
एक कला है।

15. जादू-सा...

जब शब्द थककर
चुप हो जाते हैं,
तब मौन
मुस्कुराता है।
इस पल में–
भीगी यादों की चादर को
धीरे-धीरे
धूप दिखाती हूँ,
महसूस करती हूँ...
कि बहुत कुछ
बदल रहा है,
जैसे कोई जादू
अंदर ही अंदर
जाग रहा है।

16. आशीर्वाद

तुम्हारी हर ख़ुशी की
प्रार्थना
हमेशा मेरी साँसों में रहे,
तुम्हारी कामयाबियों की फ़ेहरिस्त
दिन-ब-दिन
और भी लंबी होती जाए।
हर काम तुम्हारा
बनता रहे, सँवरता रहे,
रास्ते खुद
तुम्हारे क़दमों के नीचे
बिछते चले जाएँ।
आसमान की बुलंदियों को
छूने की ताक़त
तुम्हारी मेहनत में बसती रहे,
तुम्हारी लगन
रंग लाए,
तुम्हारी पहचान
आसमान की ऊँचाइयों तक
अपना नाम लिख जाए—

यही दिल से
आशीर्वाद है मेरा।
तुम हम सबके
बहुत प्यारे हो,
हमारा गौरव हो,
हमारे
अनमोल रतन हो तुम।

16. New Poem

17. ✦ बदलाव किसका ✦

शश्वत है समय–
यह मुझे नहीं बदलता,
मैं इसे सहकर
आकार लेती हूँ।
ठहराव के उस क्षण में,
जब समय भी
साँस लेता है,
मैं अपने ही भीतर
अपने होने की
आवाज़ सुनती हूँ।
बहुत गहराई में उतरती हूँ–
जहाँ बदलाव
शरीर का है,
मन का है,
आत्मा का
नहीं है।
न प्रश्न चुभते हैं,
न उत्तर
भागते हैं।

18. ✦🌱 नये शब्द उकेरती हूँ 🌱✦

मन की नदी के बहाव में
कोई छेड़छाड़ नहीं,
बस गति धीमी होने पर
मन स्वयं से मिलने लगता है
और मैं
अपना नया प्रतिबिंब देखती हूँ।
उसकी भाव-भूमि पर
नये शब्द उकेरती हूँ,
लिखती हूँ,
मिटाती हूँ उन्हें
अंदर के शोर के
मौन होने तक।
मौन...
शब्दों का अभाव नहीं,
विचारों का विश्राम है,
वहाँ केवल होना है।
जो सुनता है,
उसके लिए
मौन

सबसे सशक्त अभिव्यक्ति है,
और मेरी नज़र में यही
सृजन का बीज है।

19. ✦ अस्तित्व ✦

मैंने सवालों को
जवाब से पहले जिया है,
इसलिए अब
डर
मुझे डराता नहीं।
जो छूटा—
वह मेरा नहीं था;
जो ठहरा—
वही मेरा सत्य है।
अब न पथ पूछती हूँ,
न लक्ष्य तलाशती हूँ—
क्योंकि जो चल रहा है,
वही मैं हूँ,
और मैं चलती रहूंगी।

20. मैं हीरा बन गई

धोखे की तपन में मैं क्या जली
कि आज जैसे मैं हीरा बन गई,
गुलाब बन गई,
चमेली बन गई हूँ।
सचमुच बहुत खूब निखर आई हूँ
दोनों तरफ़ से—
अंदर और बाहर से।
लगता है
शबनम-सी पारदर्शी
और गंगा–गंगोत्री-सा
निर्मल हो गई हूँ।
बहुत ऊँची छलांग लगाने का मन करता है,
उड़ने का जी करता है।
आज हवाओं के साथ
झूमने को दिल चाहता है।
हाँ, किसी धोखे की आँच में
अंदर ही अंदर 'जल' रही थी मैं—
जैसे तपकर सोना और निखर आता है,
और हीरा
छेनी की चोट से तराशे जाने के बाद ही

असली 'हीरा' बनता है।
वही तो हुआ।
धोखे से बाहर की दुनिया
कितनी चमकीली,
कितनी कीमती है–
यह मैं भूल ही गई थी,
क्योंकि धोखे के ज़हर से
मैं उबर नहीं पाई थी।
आज ऊपर उठकर देख रही हूँ
तो मैं दूसरी मैं हूँ–
वही जैसे
हीरा,
गुलाब,
चमेली... आदि-आदि।
अब मुड़कर नहीं देखना है मुझे।
मैं अपना हमसफ़र हूँ
और अपना गाइड भी।
मैं आज हूँ,
मैं आने वाला कल हूँ,
और मैं
ऐसी ही चमकती रहूँगी
अपनी उपलब्धियों के आसमान पर।

21. गहरी जड़ें, फैलती खुशबू 🌱

✦

मैंने परिस्थितियों से
कभी शिकायत नहीं की,
बस जूझने का जज़्बा रखा—
हर मौसम में
थोड़ा-सा सह लिया।
कुछ धूप ने
जला दिया,
कुछ बारिश
भींगा ले गई—
पर भीतर
एक बीज
चुपचाप जीवित रहा।
आज समझ आया—
हर सहन
कमज़ोरी नहीं होता,
कुछ सहन
भविष्य की फसल होता है।
अब जो उग रहा है
वह शोर नहीं करता,

पर उसकी जड़ें
बहुत गहरी हैं–
और उसकी खुशबू
आसमान तक फैलेगी।

22. मन का छोर

कल मन की यात्रा बंद थी,
गुम थीं मेरी राहें सभी–
चढ़ाव की राहें,
ढलान से तेज़ उतरती राहें,
दूर-दूर तक फैले
खाली मैदानों की राहें...
सब गुम थीं।
कई बार कोशिश की मैंने,
दिल को टटोला,
हर कोने में झाँका–
लेकिन वहाँ
एक नाराज़, हठी
बचपन-सी ज़िद अड़ी थी।
वह मानने को
तैयार ही नहीं था।
पर आज–
अनायास ही कुछ घटा,
बिना तर्क, बिना मनुहार
वह मान गया।
और मैं

सफ़र पर निकल पड़ी हूँ।
कसकर पकड़ लिया है
मन का एक छोर,
क्योंकि अब
नापना है मुझे
पूरा आसमान।

23. कृष्ण संकल्प

कुरुक्षेत्र है हृदय-पटल मेरा,
कृष्ण मेरा संकल्प,
आमने-सामने हैं
कर्तव्य और निष्क्रियता की सेनाएँ।

दुनियादारी के तमाम बंधनों ने
जकड़ रखा है बुद्धि के सारथी को,
मेरे कंधों पर सिर्फ
स्वयं से संघर्ष का बोझ नहीं,
मेरी माँ की अधूरी उड़ानें भी हैं।

उनकी मीठी स्मृतियों से
मेरा संकल्प और दृढ़ होता है,
और कर्तव्य-बोध सारथी से
करवा रहा है शंखनाद—
जीत का।

24. नई हो गई मैं

पीछे मुड़कर नहीं देखने,
किसी की बातों से घायल नहीं होने,
और हरदम इस पल में जीने की
प्रतिज्ञा से आज
जैसे नई हो गई मैं।
प्रकृति की कितनी करीब हूँ मैं कि
उसकी खुशबू मेरे दिल में बस गई,
मैं पेड़-पौधों से बतियाती हूँ
और हर पत्ता मुझे अपनी कहानी सुनाता है।

25. मुझे 'मेरापन' पसंद है

ज़मीन–आसमान-सी दूरी लगती है
तुम्हारे होने और मेरे मानने में,
और इससे भी कहीं अधिक
तुम्हें अपनाने में।
जानती हूँ मैं कई–कई सिद्धांतों को,
मान्यताओं को,
और बहुत कुछ होने के सच को।
हाँ, बहुत अच्छी तरह समझती भी हूँ
तुम्हारे हर बहाने को।
और तुम्हारे इसे बहुत सच से लगने वाले
बहानों ने ही
मेरे कोमल दिल को गहरे भ्रम में रखा था।
लेकिन आज तुम्हारे दिल को
मेरे दिल ने पढ़ लिया,
और तुम्हारी चालाकियों का
पर्दाफ़ाश हो गया।
धँसते रहो तुम
अपनी मायावी दुनिया में,
मुझे 'मेरापन' पसंद है,
यही मेरी पूरी दुनिया है।

26. मैंने खुद को चुन लिया

बहुत शिद्दत से, कई सालों तक
सबके लिए जिया मैंने,
अब अपनी साँसों को सम्मान देते हुए
खुद को चुनती हूँ।
अब परवाह नहीं किसे क्या पसंद,
मैं अपनी पसंद बनना चाहती हूँ।
नहीं तौलूँगी अपने सपनों को
दूसरों की तराजू पर रखकर।
जो मन का आईना कहेगा,
वही राह बनेगी मेरी,
जो मैं चाहूँगी
वही पहचान बनेगी मेरी।
थक गई थी मैं हर रिश्ता ढोते-ढोते,
अब अपने लिए मुस्कान की पहाड़ चुनती हूँ।
अब मेरी ख़ामोशी मेरी ताक़त बनेगी
और मेरी "ना" मेरी हिम्मत बनेगी।
मैं अब पूरे विश्वास के साथ
खुद को चुनती हूँ,
क्योंकि अपने से प्यार करना
सबसे बड़ी चुनौती थी मेरी।

27. खुद में ठहर गई हूँ मैं

आज महसूस हो रहा है
जैसे खुद में ठहर गई हूँ मैं,
ऐसे जैसे बहती नदी ने
एक पल को किनारा पकड़ लिया हो।
और ठहर गई हूँ मैं
किसी से बतियाने को,
किसी को बेतहाशा पुकारने को,
किसी को कुछ यादें सुनाने को,
और किसी बहाने
नदी के इस पार बुलाने को।
कौन है यह?
बुझ ही लिया–
वही तो मैं हूँ, बस मैं।
देखो तो,
मेरी नाक की सीध में सूरज उग आया है,
चमक-चमक कर इतराने को।
धीरे-धीरे डूबने की दिशा में खिसक रहा है,
जैसे मुझे पता नहीं
कि उसे हो जाना है अस्ताचल।

लेकिन मुझे पता है–
वह डूबेगा नहीं,
वह इधर ही रहेगा
मेरे मन-मस्तिष्क की पूरब दिशा में।
डूबेगा तो वह दिन
जिसमें कोई जिगर नहीं,
कोई अरमान नहीं।
यहाँ तो
पोर-पोर में सूरज उगता है,
सुबह जाती नहीं,
बस दिन चढ़ता है।

28. मैं हल्की हो रही हूँ

वर्षों बाद
जैसे मेरे कंधों से
कोई अदृश्य बोझ उतर गया हो।
मैं हल्की और हल्की
और हल्की हो रही हूँ।
मैं खुद में हूँ,
बस खुद से बतियाती हूँ,
अपनी सुनती हूँ
और न किसी की सुनाती हूँ,
न किसी की सुनती हूँ।
आज यूँ ही सोचते-सोचते
हल्की हो रही हूँ,
जैसे मुद्दतों बाद
मैं खुद से खुद तक पहुँच गई हूँ।
शोख़ अदा है आज मेरी,
जैसे बचपन की एक मीठी शरारत।
आज मेरे दिल में
एक मिट्टी का घर है,
एक चबूतरा और एक कुआँ है आसपास—
जैसे ज़िंदगी मीठा पानी,

बहता पानी।
कोई रोक नहीं,
कोई टोक नहीं,
बस आसमान है अपना सारा का सारा।

29. ❧ ज़िंदगी मुझे रही सिखा

हर पल मैं सीख रही हूँ–
कठोर पलों में नरम बन जाना है,
चीखती आवाज़ों में बहरा हो जाना,
निर्मम अनुभवों में सिमट जाना।
टूटते रिश्तों में खुद का हो जाना,
और ज़हर बनी ज़िंदगी की हक़ीक़त को
नीलकंठ की तरह संभाल लेना।
ऐसी पहल एक दिन मिसाल बनेगी,
और आँसुओं के सैलाब में
खुशियों का बीज बो देने का
मंत्र बन जाएगी।

30. मेरी खुशी

चाय की खुशबू,
हल्की धूप की पहरेदारी में
इंतज़ार को सौंधा बनाती है।
जैसे मेरी माँ की तस्वीर
मेरे जेहन में उतरती है
और उसकी हर मुस्कुराती स्मृति में
यादें रिसने लगती हैं।
अपने का मान जाने की खुशी,
चिट्ठी का मिलना–
जैसे भूले को रास्ता नसीब होने की खुशी।
ठंड के दिनों में
दादी माँ के आँचल में दुबककर
धीरे-धीरे उनके भजनों में झूमने की खुशी,
बेमौसम कोयल की कुहू-कुहू सुनने की खुशी–
और वे छोटे-छोटे पल
जिनमें दिल मुस्कुराता है।
ये सब मिलकर बेमिसाल बन जाते हैं,
ज़िंदगी एक गीत बनकर गुनगुनाने को कहती है,
उठकर चलने को कहती है,
और फिर लगातार चलते रहने को कहती है–

थककर भी चूर न होने को कहती है।
खुशी की आकृतियों को पकड़ कर
उसकी पनाहों में रहने को कहती है।

31. नई राहें चुन रही हूँ

मैं अब नये सफर में निकल चुकी हूँ,
न थकने, न टूटने और न झुकने की कसम खायी है।
अब उन राहों पर फिर से कदम बढ़ा रही हूँ,
जिन्हें कभी डर के कारण छोड़ दिया था,
कि कहीं मेरी मंज़िल खो न जाए।
आज मैं अनजाने में नहीं बढ़ी हूँ,
इस डर को जानबूझकर ललकारा है,
और उन चुनौतियों को चुनौती दी है,
जिन्होंने कभी अपने होने का एहसास भर से मुझे कंपाया था।
आज मैंने फिर से मानो धरती पर कदम रखा है,
क्योंकि मैं नई राहें चुन रही हूँ,
और हर पल नई हो रही हूँ–
एक मिशन के साथ, एकाकार हो रही हूँ।

32. ☼ सूरज अंदर का

मेरे अंदर का सूरज
अंधेरा होने से पहले
रौशनी बिखेरता है,
और अंधेरा भी
हर पल मेरे लिए दुआ करता है–
"फिर से उजाला उगेगा,
दिन चढ़ेगा,
चाँद मुस्कुराएगा,
तारे खिलखिलाएंगे।"
एक विश्वास की पर्वत भी रास्ता देती है,
सागर भी थककर चट्टान बन जाता है,
जब सिलसिला हौसले का कायम रहता है।
और यही रौशनी
मेरे अंदर का सूरज है,
जो हर अँधेरे को पिघलाकर
नई सुबह की दास्ताँ गढ़ता है।

33. लेकिन... इस ‘लेकिन’ का क्या करूँ?

लेकिन... इस लेकिन का क्या करूँ?
जो बीतते पलों की रफ्तार के साथ
और गहरा, और गहरा
और गहरा ही होता जाता है?
सोच–सोच कर
सोच को बदलने की चाहत बरकरार है,
लेकिन... फिर वही ‘लेकिन’।
यह हर बार आ ही जाता है।
लेकिन......
आज मैंने सोच ही लिया है,
और वह कि– बस
इस ‘लेकिन’ को हटाना है
अपनी ज़िंदगी से।
इसी ने छीनी है
कई सपनों की ज़मीन,
मसल दिए हैं इसने
मेरी कई जीत,
और तो और
हक़ीक़त को भी इसने नहीं बख्शा।

मेरे अंदर मौजूद हुनर को रौंद दिया,
उन्हें बस नकार ही दिया।
कहते हैं, बहुत बलवान है यह।
हाँ, देख भी रही हूँ ताक़त इसकी–
कि इसने पूरा नहीं होने दिए
कई अरमान मेरे।
जब भी कदम मेरे
आगे कुछ करने की तरफ़ बढ़े हैं कि–
इसने उन्हें जकड़ लिया।
प्रण है आज मेरा–
इस 'लेकिन' को दफा कर दूँगी
और आगे... और आगे ही बढ़ती जाऊँगी
साकार करने अपने कई–कई सपने।
अभी के अभी
'लेकिन' की चादर को झटक कर
दूर फेंक रही हूँ,
और देखो सब इस तरफ–
मेरे हठ की चिंगारी से
धधक रहा है यह 'लेकिन'–
और मिट ही गया वजूद इसका
अभी–अभी।
पूरी हो रही है
तमन्ना मेरी–
बहुत कुछ कर गुजरने की राह पर
आगे ही आगे बढ़ने की,
जीतने की और जीने की।
बस, एक बात सुनाती हूँ–

यह “लेकिन” एक बहुत बड़ी ज़ंजीर है।
सब तोड़ डालो इसे–
हर सफलता की राह पर
पीछे से खींचने वाले
इन कई–कई ‘लेकिनों’ को।
जैसे–
लेकिन मन उदास है,
लेकिन मन नहीं है,
लेकिन अवसाद में हूँ,
लेकिन साधन नहीं है,
लेकिन फ़ुर्सत नहीं है,
लेकिन बहुत मुश्किल है,
लेकिन रास्ता बहुत कठिन है,
लेकिन घोर अँधेरा है...
आदि–आदि कई लेकिन।
‘लेकिन’ से मुक्ति ही जीत है–
जो
सच है,
निरंतर है
और मूल मंत्र है जीवन का

34. हार के पार ✿◇

टूटकर भी, एक पल को ज़रा
जो मुस्कुरा ले,
असल में जानता वही है
ज़िंदा कैसे रहा जाता है।
हर हार के बाद
जो फिर खड़ा हो जाए,
वही अपनी तक़दीर
गढ़ता है, बिन रुके।
राहें चाहे
कितनी ही पथरीली-कंटीली हों,
कहता है दिल उसका—
फिर भी चलना है।

35. टूटने की ताकत

पहाड़-सी कठिनाइयों से लड़कर
राहत की सांस ली है,
जीत नहीं हुई है, लेकिन हौसला बुलंद है,
क्योंकि इस जंग को जीतने का जुनून बाकी है।
गिरकर उठना और उठकर गिरना
ही तो मंज़िल का रास्ता है।
निकले हैं सफ़र पर तो पहुँच ही जाएंगे,
बस शर्त इतनी है
कि गिरकर उठने की हिम्मत बाकी हो
और उम्मीदों का कारवां बढ़ता रहे।
हर पल उजालों की उम्मीद में गुज़ारने वालों से कह दो–
'टूटने की ताकत' को पहचानें,
क्योंकि टूटकर जुड़ना ही असली जीत है।
लगातार प्रयास करने वालों के कदम
अँधेरे में भी उठते हैं
और मंज़िल तक पहुँचते हैं।

36. मैं खुद को अपनाना सीख रही हूँ

खुद को अपनाना सीख रही हूँ,
मैं अपना हमसफ़र बन रही हूँ।
अपनी ज़मीन, अपना आकाश बन रही हूँ।
निराशा की तंग गलियों से निकलकर
आशाओं के महलों को निहार रही हूँ,
एक नया आकाश महसूस कर रही हूँ।
मुझसे रूठी कहकहों की बारात को
मनाना सीख रही हूँ,
ज़िद्दी बनकर उसे गले लगाना सीख रही हूँ।
क्यों दौड़ लगाऊँ माया की मरीचिका में,
जहाँ बस तपिश है, तड़पन है
और उम्मीद तार-तार है?
मैं तो रेगिस्तान में तालाब उगाना सीख रही हूँ,
अपना हमराह बन रही हूँ,
ज़िंदगी को 'ज़िंदा' रखने की कला सीख रही हूँ।

37. थक गई हूँ, मजबूत बनते-बनते

क्या थक गई हूँ मैं
मजबूत बनते-बनते?
क्या उम्मीदों का कारवां
कहीं रुक गया है?
ठहर-सी गई है ज़िंदगी क्यों?
क्या पहरा हो गया है
खालीपन का?
फिर से क्या चहचहाएगी
गरवाइयाँ
सन्नाटों के तराने में?
क्या बचा कोई कोना
मन आँगन में
एक नए अंकूरण के लिए,
ताकि गहरी-सी क्यारी
बेकार की सोचों को जलाकर
खाद बना सके
और नई सोच की रफ्तार तले
खिलते रहें सुमन?
सच में,

ऊब चुकी हूँ इन सवालों से,
थक गई हूँ मुश्किल पलों को
ओढ़ते-ओढ़ते,
शायद मजबूत बनते-बनते।

38. अब किसी से शिकायत नहीं

अब किसी से शिकायत नहीं,
मैं अब खुद से सवाल करूँगी,
खुद से रुठूंगी और खुद से ही मान जाऊँगी।
उदासी की जंजीर तोड़कर,
मैं अपनी तकदीर बना लूँगी।
आज मैं खूब खिलखिलाऊँगी,
गाती रहूँगी नए तराने,
बुनती रहूँगी खुशियों की चरखे पर
उजाओं की चादर।
सूरज के आगोश में छिपकर
अपना दीप जलाऊँगी,
और हँसने दो सभी को,
मैं तो मन आँगन में कैक्टस उगाऊँगी।
गुलाब की चाहत में जीवन कुर्बान जो हुए हैं,
बस एक सवाल छोड़ जाती हूँ –
क्यों आपने कभी कैक्टस के फूलों को करीब से देखा है?
मिली है कभी फुर्सत कांटों को भी सहलाने की?
फूल ही चाहिए तो फूल तो फूल है –
चमेली, गेंदा, गुलाब या रात की रानी,
बस दिल से महसूस करो,

जिसने इन्हें गढ़ा है, उसे सलाम करो।
अब शिकायत किससे?
'उसकी' खुशबू मिलने के बाद।

39. मैं खुद से मिल रही हूँ

आज एक अरसा हो गया,
एक पल
खुद से मुलाक़ात नहीं की।
पूछा नहीं स्वयं से–
तुम कैसी हो?
कहाँ गुम रहती हो?
क्या सोचती हो
और आने वाले वक़्त के लिए
क्या कल्पना करती हो?
क्यों नहीं तुम
पहले की तरह
बात-बात पर खिलखिलाती हो?
क्यों और कहाँ खो गई है
तुमारी आशाओं की "ज़मीन"?
आज मन में आया –
पूछ ही लूँ, तुम कैसी हो?
तबाक से कह दिया,
"मैं खुद से मिल रही हूँ।"

40. सोच की ताकत

मेरी परछाई बनकर रहने वाली,
मेरी हर भावना में शामिल –
तुम हो कौन, कैसे बताऊँ?
हर गुज़रते पल की साक्षी तुम,
तुम हो कौन, कैसे समझाऊँ किसी को?
समझ नहीं आता क्यों आज यह पल आया
कि यह खुलासा हो जाए
कि तुम हो कौन
और मेरी तक़दीर पर तुम्हारा
इतना गहरा हक़ क्यों है।
बस यही मान लूँ
कि अब एक बार तुम्हारा दीदार भी ज़रूरी है,
और अभिव्यक्ति भी
वक़्त की दरकार है।
तुम मेरी सोच हो,
तुमने ही कभी बड़ी-बड़ी लड़ाइयाँ लगवाईं,
तो कभी
समुद्र-सी गहरी समस्याओं को
छन में छूमंतर किया।

आज तुम्हें ही –
यानी तुम्हारे सुंदर रूप को अपनाकर
निकल पड़ी हूँ
एक अंतहीन सफ़र पर,
हर जज़्बात के बवंडर से लड़ने के लिए।
बस तुम ही मेरी पहचान हो,
और
कहाँ रही ज़रूरत किसी की।

41. मेरी ख़ामोशी भी एक कहानी है

एक कहानी है मेरी ख़ामोशी,
कोई पूछ सके तो पूछ ले –
क्या है भागती ज़िंदगी का फ़लसफ़ा।
हर तरफ़,
हर शय में,
हलचलों का शासन है,
परत-दर- परत चढ़े
हर चेहरों पर
बहुरुपिये से नक़ाब हैं।
कहीं आँखें वीरानी में
निहार कर भी तूफ़ानी हैं,
तो कहीं
उफनते सागर की लहरों पर भी
ख़ामोशी के पहरे हैं।
क्या जाने कोई
कि कैसे ख़ामोशी में भी
छिपी कई-कई कहानियाँ हैं।

42. मैं सबके लिए

महसूस किया है मैंने
क्या होती है कीमत किसी के लिए जीने की।
मन्नतें माँगने की, दर्द पीकर हँसाने की,
कई रातें आँखों में काटकर जगने की,
अपने हिस्से की धूप देकर
कईयों को ठंडक पहुँचाने की,
मूसलाधार बारिश में
छतरी बन जाने की,
बेकाबू और डूबती ज़िंदगियों का
पतवार बन जाने की।
देखा है मैंने कई-कई बार
अपने मदद के लिए उठे हाथों पर
काँटों का चुभ जाना।
क्या यही सिला है
अपनों के लिए “सब कुछ” बन जाने का?
हाँ, यही है एहसान अपनों का
बताने का कि
क्यों मर-मिटे तुम
किसी को जिलाने के लिए?

43. ❖ भीतर की नदी ❖

मन के भीतर
एक नदी बहती है–
बिना शोर,
बिना दिशा पूछे।
पत्थरों से टकराकर
रुकना
उसका स्वभाव नहीं,
रास्ता
खुद गढ़ लिया जाता है।
कभी
यादें
रेत बन जाती हैं,
कभी
दर्द
गहरा भँवर हो उठता है।
सब कुछ
समेटा जाता है,
और प्रवाह
समुंदर की ओर
चल देता है।

44. हार के पार ✿✧

टूटकर भी, एक पल को ज़रा
जो मुस्कुरा ले,
असल में जानता वही है
ज़िंदा कैसे रहा जाता है
हर हार के बाद।
जो फिर खड़ा हो जाए,
वही अपनी तक़दीर
गढ़ता है, बिन रुके।
राहें चाहे
कितनी ही पथरीली-कंटीली हों,
कहता है दिल उसका—
फिर भी चलना है।

45. ◈ कसम का संकल्प ◈

बार-बार के
चुभते शब्दों,
उठते–गिरते विचारों के बाद
मन
मौन हो जाता है।
वर्तमान में
स्थित होकर,
उलझनों के
फंदे
एक-एक कर
सुलझाता है–
और
कुछ न कहने,
कुछ न सुनने की
कसम
खाता है।

46. ❖ हवा की बात ❖

हवा धीरे-धीरे गुजरती है,
पत्तों से बातें करते-करते
हर शाख़ हिलती है,
जैसे कोई रहस्य फुसफुसाता हो।
आसमान का लाल फूल चमकीला होता है धीरे-धीरे
और ढ़क लेती है चिड़ियां चूजों को
फैलाकर अपने पंख चारों और
उनके कि अभी और चमकेगा सूरज, ठंड बहुत है।
उधर नदी की लहरें
शांति की दास्तान सुनाती हैं।
मैं बैठकर सुनती हूँ—
इस सन्नाटे में भी एक जीवन की सरगर्मी है
और मन करता है
बैठी रहूं घंटों बस कल्पनाओं में घीरी हुई।

47. विरक्ति

धीरे-धीरे
छूटता गया सब—
नाम, अपेक्षाएँ,
अपनों से भी
कुछ अनकहे दावे।
मैंने देखा—
जिसे पकड़कर रखा था कसकर,
वही सबसे पहले
हाथों से फिसल गया।
तब समझ आया—
बंधन बाहर नहीं,
भीतर थे।
एक दिन
मन ने स्वयं से कहा—
अब बस।
किसी को सिद्ध नहीं करना
कि मैं सही हूँ,
किसी की स्वीकृति
अब आवश्यक नहीं।
अजीब-सी शांति थी उस क्षण—

जैसे वर्षों से बंद
कोई खिड़की
अचानक खुल गई हो।
विरक्ति उदासी नहीं,
न ही जीवन से पलायन।
यह तो
भीतर की भीड़ से
धीरे-से निकल आना है।
लोग आते हैं,
ठहरते हैं,
और चले जाते हैं।
पर मैं–
अपनी ही साक्षी हूँ।
न अपेक्षा,
न शिकायत,
न प्रमाण की ज़रूरत।
बस होना।
और उसी होने में
पूर्ण होना।

48. भरोसे का दायरा ✧

कभी जब राहें अँधेरों में खो जाएँ,
और कदम लड़खड़ाएँ,
बस उस डोर को थामे रहें–
जो विश्वास की ओर ले जाती है।
भरोसे का दायरा बहुत बड़ा है।
हर ठोकर, हर हार
कहती है– अकेले नहीं हम।
जिद्दी मुश्किल में ही समायी जीत है।
लगन से लगे रहेंगे अपनी धून में,
एक दिन हंसती रौशनी में नहाएगी जिंदगी,
जिसे लोग शायद किस्मत कहें
और हम कर्म।

49. ❖ तुम्हारी आहट ❖

तुम्हारी आहट से
दिल का सन्नाटा टूट जाता,
बिन कहे ही
सब कुछ कह जाता।
तुम पास होती तो
लफ़्ज़ मुस्कुराने लगते,
ख़ामोशी भी
शायराना हो जाती।
तुम्हारी एक नज़र से
सारे शिकवे पिघल जाते,
तुम साथ होती तो
हर राह आसान लगती।
हर साँस में
बस तुम्हारी खुशबू बसी है...
बोलो न—
कब आओगी इस पार?
तुम बेरहम कब तक रहोगी,
मेरी माँ?

50. ❖ मैं खुद की साथी ❖

मैंने खुद का हाथ थामा है,
मेरे भीतर एक आवाज़ है जो कहती है—
क्यों अब तुम खुद से शिकायत नहीं करती?
खुद को समझने लगी हो न?
हर कमी, हर टूटन के साथ
खुद को अपनाने लगी हो न?
तुम्हें अब किसी और की मंज़ूरी नहीं चाहिए,
तुम्हारी मुस्कान ही तुम्हारी पहचान है।
तुम खुद की शरण में हो,
खुद में संवाद हो तुम

51. ✧ 🌿 नई सुबह ✧

अँधेरे के बाद झलकती है रौशनी,
उम्मीद की किरणें धीरे-धीरे फैलती हैं।
छोटी-छोटी खुशियाँ,
छोटे-छोटे पल
हमें सिखाते हैं–
उठो, कदम बढ़ाओ,
हर सुबह को एक नई चुनौती समझो।
चलो... चलो...
हर लम्हे को उम्मीद और हौसले के साथ सजाएँ।

52. ◈ रहनुमाई ◈

हर सुबह एक नई राह है,
हर शाम एक नया अहसास।
जो बीत गया उसे छोड़ दो,
और जो आने वाला है उसे दिल से अपनाओ।
सच्चाई खोजने की कोशिश छोड़ दो,
क्योंकि हर अनुभव, हर चुनौती
हमें हमारी असली हक़ीक़त तक ले जाती है,
और हम सत्य से एकाकार होते हैं।

53. भीतर की आवाज़

जब मैं अपने भीतर झाँकती हूँ,
सन्नाटा भी कुछ कह जाता है।
हर धड़कन, हर सांस,
मेरे अंदर की कहानी सुनाती है।
मैं पूछती हूँ–
"तुम कौन हो?"
और जवाब आता है–
"ताक़त, जो तुम महसूस नहीं करती।
जो गिरने के बाद उठना सिखाती है,
जो हर ठोकर में तुम्हें मज़बूत बनाती है।"
मैं मुस्कुराती हूँ,
और धीरे-धीरे समझती हूँ–
अपने दिल की आवाज़ सुनते हुए,
पूरी ताकत के साथ चल पड़ी हूँ,
कभी नहीं रुकने के लिए...
कई... कई...
कल के लिए हौसले की ताक़त लिए।

54. ❖ ✲ अडिग विश्वास ✲ ❖

जब राहें कठिन हों,
और कदम लड़खड़ाएँ,
याद रखना–
तुम्हारे भीतर की ताकत
सभी अंधेरों को चीर सकती है।
हर चुनौती, हर संघर्ष,
सिर्फ तुम्हें आगे बढ़ाने के लिए हैं।
तुम ठहरकर देखो–
सच्ची जीत हमेशा तुम्हारे भीतर ही थी।
भरोसा रखो,
हर प्रयास तुम्हें
नई ऊँचाईयों तक ले जाएगा।

55. ◈ ❦ प्रकृति की राहें ◈

सूरज की पहली किरण ने
मेरे चेहरे को छुआ,
और मुझे एहसास हुआ—
हर नई सुबह में
जीवन खुद को दोबारा जन्म देता है।
हवा के चलने की धीमी लहरों में
मैंने अपनी साँसों की गूँज सुनी,
और देखा कि
हर पत्ते की हर हलचल
मुझसे कुछ कह रही है—
बता रही है,
जहाँ वह नहीं,
वहाँ अंत है।
इसलिए चलते रहें,
चरैवेति... चरैवेति... चरैवेति...

56. जीवन का संदेश

हर अनुभव—चाहे सुख हो या दुख—
हमें खुद से मिलाता है।
हर कठिनाई, हर ठोकर,
हमारी असली ताकत को उजागर करती है।
और जब हम ठहरकर देखते हैं,
तो पता चलता है—
सच्चा जीवन वही है
जो दिल से जीया गया।
हर अनुभव हमें
अपने भीतर की गहराई तक ले जाता है,
जहाँ हमारा असली "मैं"
इंतजार करता है।

57. ✧ ✬ हर सुबह नई शुरुआत ✬ ✧

हर सुबह नई शुरुआत है,
हर सांस में छुपी उम्मीद।
हर अवरोध, हर कठिन पल,
मुझे सिखाता है–
साहस ही मेरी असली ताकत है।
अँधेरा चाहे कितना भी गहरा हो,
मेरे भीतर का दीपक
कभी बुझता नहीं।
हर गिरावट ने मुझे उठना सिखाया,
हर चुनौती ने मुझे मजबूत बनाया।

58. खुद से मुलाकात

मैंने आज अपने भीतर से पूछा–
"तुम सच में कौन हो?"
और जवाब आया धीरे-धीरे,
जैसे नदी अपना रास्ता ढूंढती है।
मैंने देखा अपने डर को,
अपने सवालों को,
और महसूस किया कि
हर टूटना, हर ठहराव
मुझे बस खुद तक पहुंचा रहा है।
हर सवाल का जवाब
मुझे अंदर की गहराई में मिला।
और मैं मुस्कुराई–
"तुम वही हो, जो हमेशा से यहाँ था,
बस अब मैं तैयार हूँ खुद से मिलने के लिए।"

59. जीना दरअसल

हर दिन की शाम नहीं होती,
कभी पल ठहर जाते हैं
जब हम उन्हें जी नहीं पाते।
अगर कसकर थाम लें
हर रूठे हुए पल को आग़ोश में,
तो कठोर क्षण भी
छंद बन जाते हैं।
पल... पल...
जब अर्थ पकड़ लेते हैं,
तो हम समझ जाते हैं–
जीना दरअसल
ठहर कर जीना है।

60. ❖ मेरा पता... ❖

बोलो न तुम,
कैसा है इधर, कैसा है उधर?
कहती हो तुम–
इधर की बता दूँ,
पर उधर की कैसे कहूँ?
लेकिन तुम्हें पता है,
मेरा मन 'पता' तुम्हारा है,
और मेरा पता तुम्हारी खुशी।
ख्वाहिश है–
खुशियों की बारिश हो
हर पल झमाझम
दामन में,
और मन में खिलता रहे गुलाब।

61. ❖ जाने क्या-क्या हो तुम ❖

आँखों की गहराइयों में उतरने को
हर पल आतुर,
मेरे आसपास खुशियों का
मजबूत सायबान तानने के तरीके
ढूँढने की गहरी चाह।
मेरे बंद होंठों के
सारे भाव जानने को आतुर,
मेरी ख़ामोशी को
जी-जान से चीरने को तैयार।
तुम मेरे दिल की धड़कन हो,
बताओ तो तुम कौन हो मेरी?
मेरी ज़िंदगी, मेरी साँस हो तुम,
मेरे जीवन की 'लिपि' हो तुम।
और सच कहूँ तो—
मैं तुम हूँ और तुम मैं हो।
बस दिल, जिगर...
और जाने क्या-क्या हो तुम।

62. शुक्रगुजार हूँ मैं

पल-पल मैं शुक्रगुजार हूँ
उन ज़ख्मों का,
जिन्होंने मुझे आज की मैं बनाया।
उन दर्दीले पलों का,
जिन्होंने मुझे हिमालय -सा कठोर और ऊँचा बनाया।
हर पल मर-मर कर जीने की आदत को
स्वीकार न करने की सौंधी सौंगध के साथ
आगे बढ़ने के मेरे जज़्बातों का
शुक्रगुजार हूँ मैं।
आज मैं देख रही हूँ
नदी की सतह पर तैरते बतखों की बंद आँखों के सुकून को,
सागर की लहरों पर इतराती डॉल्फ़िन की अटखेलियों को,
रेत पर दौड़ते केकड़ों को
और कछुए की गंभीर लेकिन खुशनुमा चाल को।

63. स्वीकार

अब मैंने
जीवन से लड़ना छोड़ दिया है।
जो आया,
उसे आने दिया।
जो गया,
उसे जाने दिया।
हर घटना को
अर्थ देना आवश्यक नहीं,
कुछ बातें
बस घटती हैं–
और हमें बदल जाती हैं।
मैंने शिकायतों की गठरी
धीरे से खोल दी है,
देखा–
अधिकांश भार
मेरे ही बनाए हुए थे।
अब जब कोई प्रश्न उठता है,
मैं तुरंत उत्तर नहीं खोजती,
उसे ठहरने देती हूँ
अपने भीतर।

समय
सबसे बड़ा शिक्षक है—
वह बिना शोर किए
सिखा देता है
छोड़ना,
झुकना,
और फिर
उठना।

64. किस्तों में पल

मन की दीवारें अभी भी हिलती हैं।
हर साँस एक सवाल है,
हर क्षण एक गहरी चुप्पी।
शब्द बोलते नहीं,
सन्नाटा बुनते हैं।
आवाज़ों का भार–
भीतर गहराई में दबा हुआ है।
दिल में जमी कुछ अमिट यादों के पल
किस्तों में जिए जाते हैं।

65. मौन का पहाड़

भर आती हैं आँखें,
जब ज़िक्र होता है
उस वक़्त का
जब मैं तन्हा थी,
बेबस थी,
लाचार थी–
और फिर भी
चुप रहना मेरी मजबूरी थी।
अब–
मैं अपने ही मन के पहाड़ पर
हर रोज़ चढ़ती हूँ,
हर रोज़ उतरती हूँ।
कोई हाथ पकड़कर नहीं चढ़ाता,
कोई कंधा देकर नहीं उतारता,
मैं खुद ही
अपना रास्ता हूँ,
अपना सहारा हूँ।
हर शाम
अपने ही तराज़ू पर
खुद को तौलती हूँ–

कितना अब भी सह सकती हूँ नहीं,
बल्कि
कितना सहने की ज़रूरत ही नहीं।
क्योंकि
जो कभी लाचार थी,
वही आज
अपने निर्णयों की
सबसे मज़बूत वजह।

66. कुछ अंदर है, कुछ बाहर

मेरे ईर्द-गिर्द सब कुछ धुंधला है,
दूर-दूर तक फैली है मायूसी की चादर।
सूरज जैसे आकाश से रूठा-रूठा है,
और हवाओं में तैर रही हैं
किस्म-किस्म की आवाज़ें—
पर किसी में भी कोई भाव साफ़ नहीं होता।
ढूँढता है मन
खुशनुमा मुस्कराहट भरी मासूमियत,
बेफ़िक्री की लय में ढले
बातों के सिलसिले—
लेकिन समझ नहीं आता
किधर खो गया है
इन इरादों का छोर।
शायद मैं ही ढूँढ पाऊँगी,
मैं ही पकड़ पाऊँगी
खोए हुए भावों को।
शायद चुराकर ले लूँ
अपनी पसंद की बातें,
अपने इरादे,
अपने जज़्बात—

क्योंकि मेरे अंदर
एक रोशनी छिटक रही है,
आशाओं का दिया
अब भी जल रहा है।

67. ✧ ठहरे हुए पल ✧

हर दिन की शाम नहीं होती,
कभी पल ठहर जाते हैं
जब हम उन्हें जी नहीं पाते।
अगर कसकर थाम लें
हर रूठे हुए पल को आग़ोश में,
तो कठोर क्षण भी
छंद बन जाते हैं।
पल... पल...
जब अर्थ पकड़ लेते हैं,
तो हम समझ जाते हैं–
जीना दरअसल
ठहर कर जीना है।

68. यादों के कंधों पर

यादें समय के कंधों पर
चुपचाप बैठी रहती हैं।
जीवन का अर्थ
समझ नहीं आता,
वह पसोपेश के
बीच
पलता है।
यह
एक अधूरा वाक्य लगता है
जिसका
विरामचिह्न
किसी ने तय नहीं किया।
कुछ भी पूरा नहीं होता,
सिर्फ़
जारी रहता है।

69. सच के क़रीब

कुछ शब्द
कहे नहीं जाते,
बीच की ख़ामोशियों में
ठहर जाते हैं।
समय
उन्हें छूकर निकलता है,
पर अर्थ
वहीं ठहरा रहता है।
कही गई बातें
अक्सर
भीतर तक नहीं उतरतीं,
पर एक मौन
धीरे-धीरे
अपना घर बना लेता है।
अनकहा हिस्सा
सच के क़रीब होता है।

70. धड़कता समय

जीवन
समय की धड़कन है।
हर पल
अधूरा जन्म लेता है,
और
अगले ही क्षण
पुराना हो जाता है।
हम सोचते रहते हैं,
न जाने क्या-क्या,
सुलझाने में
उलझे रहते हैं
ताउम्र।
वास्तविक समाधान
उन पलों में छिपा होता है
जो पकड़ में नहीं आते।

71. ⚡ चलते हुए शहर ⚡

रातें अब सोती नहीं,
पलकें झपकाती हैं।
दीवारें
बातें सुनती हैं,
सड़कें
कदमों को पहचानती नहीं।
हर चेहरा
किसी कहानी से भरा है,
पर कोई
रुककर पढ़ता नहीं।
रोशनी यहाँ
अँधेरे को हराती नहीं—
बस
उसे सजाकर
आगे बढ़ जाती है।
और जीवन,
भीड़ के बीच भी
अपना
एकांत तलाशता रहता है।

72. छोटी-सी दुनिया

शहर के किसी मोड़ पर
एक चायवाले की दुकान...
उबलते पानी में
चायपत्ती से लेकर दूध तक
सब कुछ संतुलित होता है।
बाहर दो लोग हँसते हैं,
तीन लोग जल्दी में हैं,
एक बच्चा बिना वजह
आसमान देख रहा है।
कोई बड़ी घटना
नहीं घटती—
फिर भी जीवन
यहीं सबसे ज़्यादा
जागता है।
बड़े अर्थ अक्सर
छोटे पलों की जेब में
छुपे मिलते हैं।

73. हलचल वाला सन्नाटा

एक दिन
एक पल
अचानक
बहुत बड़ा हो जाता है।
हलचल वाले सन्नाटे में
बहुत कुछ
पीछे छूट जाता है।
लोग गुजरते हैं,
चेहरे बदलते हैं,
पर एक दृश्य
वहीं ठहर जाता है—
जैसे समय ने
थोड़ी देर के लिए
साँस रोक ली हो।
कुछ क्षण
जीए नहीं जाते,
सिर्फ़
बेजुबान
देखे जाते हैं।
और बाद में

यही दृश्य
याद नहीं,
एक टीस बनकर
साथ चलता है।

74. बदलता मौसम

रात
किसी और रंग में सोती है,
और किसी और रंग में
जागती है।
शाम
किसी और नाम से
कहीं और ढलती है।
हवा
कभी साथ चलती है,
कभी
बिना बताए
दिशा बदल देती है।
पर असल में
बदलता तो
भीतर का आसमान है।
हर दिन
वह
एक नया मौसम पहनकर
फिर से
शुरू हो जाता है।

75. मंज़िल

भागने की दौड़ में
रास्ते साफ़ दिखाई नहीं देते।
सोचता है मन–
काश! मजबूरियों की
काँटिली झाड़ियों से भी
चुन लेते
सुकून के दो फूल।
गुज़रते वक्त के साथ
शब्द
धीरे-धीरे
अपनी अहमियत खो देते हैं,
और मौन
अर्थ का काम करने लगता है।
तब पता चलता है–
चलते रहना ही
सच्ची मंज़िल है।

76. चुपचाप बदलाव

सब कुछ
बाहर नहीं बदलता,
कई बार परिवर्तन
चुपचाप भीतर होता है।
और एक दिन
अचानक पता चलता है–
पुराने सवाल
अब उतने भारी नहीं रहे,
समय की धार से
प्रश्नों की डोर कटती गई।
जो तलाश था,
वह मृगतृष्णा से कम नहीं,
अब
एक शांत स्वीकार है।
गहराई की शुरुआत
स्वयं को
साबित न करने की
ज़रूरत
न रह जाने से होती है।

77. शेष रह गया

सब कुछ
कहा नहीं जाता,
कई अर्थ
चुप रहकर
साफ़ होते हैं।
समय
सिखाता कम है,
उतारता ज़्यादा है—
भ्रम,
अपेक्षाएँ,
जल्दबाज़ी,
और खोलता है
रिश्तों की परत।
और अंत में
जो बचता है,
वही
असल में
अपना होता है,
हरदम होता है।

78. मैं फिर से जन्मी हूँ

कई बार लगा
सब खत्म हो गया है,
जैसे भीतर का आकाश
टूट कर बिखर गया है।
पर अंदर से आवाज़ आई–
कहानी अब शुरू होगी,
रास्ता अभी बाकी है।
जो छूट गया,
वह मेरा हिस्सा नहीं था,
जो रह गया,
वह मेरा साहस है।
मैंने दर्द को ओढ़कर
चलना सीख लिया,
आँसुओं को शब्द बनाकर
जीना सीख लिया।
मैं हारकर भी हारी नहीं,
मैं टूटकर भी बिखरी नहीं–
हर बार जीवन ने कहा,
देखो...
तुम फिर से जन्मी हो,

एकदम नया उजाला,
नए विचार और छू लेने को आसमान
परवाज़ है।

79. क्षणों की उड़ान

सुबह की पहली किरण
जब खिड़की से भीतर उतरती है,
तो लगता है जैसे
रात ने चुपचाप
मेरे तकिए के पास
एक सुनहरा पत्र रख छोड़ा हो।
ओस की बूँदें
घास की नोक पर टिककर
सूरज से बातें करती हैं–
थोड़ी देर चमकेंगी,
फिर विलीन हो जाएँगी,
उन्हें अपनी चमक का कोई अफ़सोस नहीं।
पुरवैया बयार,
नन्ही और नरम,
पत्तों से कहती है–
कोमलता ही
टूटने नहीं देती।
दूर कहीं एक चिड़िया
अनजाने आसमान की ओर उड़ती है–
पूरा आकाश नापने का इरादा लिए,

उसे अपने पंखों पर भरोसा है।
दिन चढ़ता है,
परछाइयाँ बदलती हैं,
रंग गहराते हैं,
और समय अपनी चुप चाल से
सब कुछ आगे बढ़ाता रहता है।
शाम जब उतरती है,
तो थका हुआ सूरज भी
क्षितिज पर मुस्कुरा देता है–
मानो कह रहा हो,
"डूबना अंत नहीं,
बस एक और उगने की तैयारी है।"
जीवन भी ऐसा ही है–
हर क्षण एक उड़ान,
हर गिरावट एक विराम,
हर अंधेरा
एक नई रोशनी की भूमिका।
चलो,
क्षणों को थामने की नहीं,
उन्हें जीने की कला सीखें–
क्योंकि समय रुकता नहीं,
और जो जी लिया,
वही सच में जीवन है।

80. दर्द के सन्नाटे में

जब हर कदम पर खालीपन ने पैर रखा,
और मेरी सांसों में एक ठहराव था,
तब दर्द ने जैसे मुझे घेर लिया,
हर उम्मीद को धीरे से निगलता हुआ।
लेकिन इसी सन्नाटे में,
एक हल्का -सा स्वर उठा,
जैसे टूटे हुए तारों में से
एक चिंगारी मुस्कुराई।
आशा ने धीरे से अपने पंख फैलाए,
और हर खाली पल में,
एक संभावना ने जन्म लिया,
अब मैं जानती हूँ,
हर दर्द मुझे फिर से उठने का ज़रिया बनाता है,
और मैं अब विश्वास के नए सफर पर आगे बढ़ती हूँ।

81. कठोर पलों का मापदंड

जब मैं बुझी हुई थी, टूटी हुई थी,
तब दुनिया अलग लगती थी,
सब कुछ धुंधला और उदास।
अगर उस क्षण में भीतर की एक अनदेखी शक्ति न उठती,
तो शायद मैं वहीं ठहर जाती,
लेकिन एक भरोसे ने मेरे भीतर की दिशा बदल दी,
एक दृढ़ इरादे ने,
मेरी जिजीविषा को जगाया।
और आज, मैं साक्षी हूँ,
कि अगर मैं उस शक्ति को न समझती,
कठोर पलों को सच्ची सोच से नहीं तौलती,
तो जीवन की कलाकारी का हिस्सा नहीं होती।

82. अंतस का आकाश

भीतर भी एक आकाश है–
नीला, अनंत,
बिना सीमाओं का।
कभी उसमें बादल घिरते हैं–
शंकाओं के,
डरों के,
अधूरे प्रश्नों के।
पर वे ठहरते नहीं,
क्षणों के बवंडर के साथ
बस गुजर जाते हैं।
मन के किसी कोने में
एक सूरज भी उगता है,
धीरे-धीरे,
बिना शोर किए।
वह बताता है–
प्रकाश बाहर नहीं,
भीतर जन्म लेता है।
कभी-कभी
हम अपनी ही छाया से डर जाते हैं,
पर छाया का होना

प्रकाश का प्रमाण है।
जीवन
सिर्फ काली-सफेद
घटनाओं की कड़ी नहीं,
यह अनुभूतियों का विस्तार है।
हर ठोकर
रास्ते का नक्शा बदलती है,
हर आँसू
दृष्टि को और साफ करता है।
ठहरो ज़रा–
अपने भीतर झाँको।
वहाँ एक शांत सरोवर है,
जहाँ विचार
लहर बनते हैं
और फिर
स्वतः शांत हो जाते हैं।
जिसे स्वयं से मिलने की
गहरी चाह है,
उसे संसार से शिकायत नहीं रहती।
उसे पता है–
भीतर के आकाश में
किसी की दावेदारी नहीं।

83. अँधेरे का सूरज

बिखर गईं
भरोसे से लिखी
तमाम वादों की तहरीरें
आँसुओं की धार से।
एक ही झटके में
गिर गई
विश्वास की नींव,
दरक गया
उम्मीदों का महल।
और मन
अपने ही प्रश्नों के तले
दबा रह गया।
अब यही लगता है–
जब अँधेरा भीतर उतरता है,
तो बाहर का प्रकाश भी
फीका पड़ जाता है।
हर चेहरा धुँधला,
हर शब्द अधूरा।
पर यही अँधेरा
एक गहरा सच भी सिखाता है–

कि भीतर कहीं
एक चिंगारी अभी शेष है।
रात चाहे कितनी भी गहरी हो,
उसकी गोद में ही
सुबह पलती है।
जब सब कुछ टूट जाता है,
तभी नया आकार संभव होता है।
बिखराव ही
पुनर्निर्माण की पहली सीढ़ी है।
और तब–
अँधेरे के बीच
एक अलग ही सूरज उगता है,
जो आँखों से नहीं,
अनुभव से दिखता है।
वह सिखाता है–
सच्ची रोशनी बाहर से नहीं आती,
वह तो
टूटे हुए दिल की दरारों से झरती है।

84. समय का चयन

मैं समय को चुनती हूँ–

वह यूँ ही नहीं जाता।

वह मेरे भीतर से

गुज़रता है

और मैं उसे

पल-पल

जीती हूँ।

पल-पल

पीती हूँ–

क्योंकि यही

मेरा कल बनेगा।

उस कल को

गढ़ने,

तराशने के लिए मैंने

समय के प्रवाह को

अपने भीतर

उतारा है।

www.ingramcontent.com/pod-product-compliance
Lightning Source LLC
Chambersburg PA
CBHW050530240926
51846CB00003B/756
9789375274339